*Walter Kardinal Kasper*

# Bedenke dein Geheimnis

Walter Kardinal Kasper

# Bedenke dein Geheimnis

Meditationen zu Advent und Weihnachten

kbw bibelwerk

# Inhalt

# Vorwort

»Erkenne, o Christ, deine Würde und bedenke, dass du der göttlichen Natur teilhaftig geworden bist«, so fasst Papst Leo der Große (400–461) für uns die Botschaft von Weihnachten zusammen (sermo XXI,3). Gegen alle Bestrebungen und Versuchungen, den Horizont des Menschseins auf das Machbare, Verfügbare, Konsumierbare zu beschränken, bringt das christliche Weihnachtsfest die Botschaft des Glaubens zur Sprache: Mensch, bedenke dein Geheimnis!

Deshalb betrachtet die Kirche in der Adventszeit die biblischen Texte von Umkehr und Gericht ebenso wie das Geheimnis der Gnade. Weil es die siegreiche Gnade Gottes gibt, können wir einstimmen in den weihnachtlichen Jubel der Engel in der Nacht von Betlehem und dem Stern folgen, der uns zur Anbetung des Gottessohnes führt.

Der vorliegende Band geht auf Predigten zurück, die ich in den vergangenen Jahren in der Advents-

und Weihnachtszeit gehalten habe. In überarbeiteter Form gehen sie in diesem Band auf den Weg zu Leserinnen und Lesern mit dem Wunsch und der Hoffnung, den Glauben und das Vertrauen zu stärken, dass dem Kind in der Krippe die Zukunft gehört.

Für die sorgfältige Bearbeitung und für die Übersetzung einiger Texte habe ich Herrn Dr. Ulrich Sander herzlich zu danken.

*Wangen im Allgäu,*
*am Fest der Verklärung des Herrn 2015*
*Kardinal Walter Kasper*

# I

# Dem Herrn entgegen

# Gericht und Gnade

IN JENER ZEIT fragten die Leute Johannes den Täufer: Was sollen wir also tun? Er antwortete ihnen: Wer zwei Gewänder hat, der gebe eines davon dem, der keines hat, und wer zu essen hat, der handle ebenso.

Es kamen auch Zöllner zu ihm, um sich taufen zu lassen, und fragten: Meister, was sollen wir tun? Er sagte zu ihnen: Verlangt nicht mehr, als festgesetzt ist.

Auch Soldaten fragten ihn: Was sollen denn wir tun? Und er sagte zu ihnen: Misshandelt niemand, erpresst niemand, begnügt euch mit eurem Sold!

Das Volk war voll Erwartung, und alle überlegten im Stillen, ob Johannes nicht vielleicht selbst der Messias sei. Doch Johannes gab ihnen allen zur Antwort: Ich taufe euch nur mit Wasser. Es kommt aber einer, der stärker ist als ich, und ich bin es nicht wert, ihm die Schuhe aufzuschnüren. Er wird euch mit dem Heiligen Geist und mit Feuer taufen. Schon hält er die Schaufel in der Hand, um die Spreu vom Weizen zu trennen und den Weizen in seine Scheune zu bringen; die Spreu aber wird er in nie erlöschendem Feuer verbrennen.

Mit diesen und vielen anderen Worten ermahnte er das Volk in seiner Predigt.

*Lukas 3,10–18*

Johannes der Täufer ist eine große Gestalt des Advents, der auf das Kommen des Messias weist. Er vergleicht den kommenden Christus mit einem Bauern, der die Schaufel in der Hand hält, um die Spreu vom Weizen zu trennen und im Feuer zu verbrennen.

Es gibt nicht wenige, die denken: Das passt nicht nur nicht in unsere Zeit; das passt auch nicht ins Evangelium. Ist das Evangelium nicht eine frohe Botschaft, die Trost und Freude vermitteln soll, die frei macht von Angst und Schrecken? Sagt das Evangelium nicht, dass Hoffnung ist für jeden Menschen und dass Gott jeden Menschen annimmt und bejaht? Wie passen dazu solche Drohungen?

Viele lassen heute die Gerichtsbotschaft weg; sie verdrängen und vergessen sie. Doch dann muss man aus der Bibel sehr viele Kapitel wegstreichen, sowohl aus den Propheten des Alten Bundes wie aus der Predigt Jesu selbst. Die Propheten kritisieren sogar hart die falschen Propheten, die den Leuten nach dem Mund reden und Zuversicht ausstrahlen, ohne vom Gericht zu sprechen.

Die Rechnung geht also nicht auf. Man kommt nicht umhin, sich der Gerichtspredigt der Propheten, des Täufers Johannes und Jesu selbst zu stellen. Sie ist ein wichtiger Teil der Heiligen Schrift. Wir müssen sie ernst nehmen und uns fragen, was Gott uns damit sagen will.

Ich will die entscheidende Antwort gleich vorweg geben und eine These aufstellen, die auf den ersten Blick paradox erscheint: Auch die Botschaft vom Gericht ist eine Botschaft von der Gnade.

Wer das Gericht nicht ernst nimmt und meint, es einfach wegstreichen zu können, der nimmt auch die Gnade nicht ernst. Der macht aus der Gnade eine billige Gnade und aus dem Christentum eine billige Angelegenheit.

Wer nur den »lieben Gott« kennt, der so lieb ist, dass er zu allem Ja und Amen sagt, der hat im Grunde gar nicht verstanden, wer Gott ist, der hat im Grunde gar keinen Gott, sondern ein selbst gebasteltes Wunschbild seiner eigenen Glückseligkeitsträume. Denn zu Gott, der gut ist, gehört, dass er dem Bösen widersteht, dass er das Unrecht, die Gewalt, die Lüge hasst und auslöschen will.

Gott will all das schreckliche Unrecht, die himmelschreiende Ungerechtigkeit, das Morden, das Zerstören, das Schänden nicht. Dagegen entbrennt, wie die Bibel sagt, sein Zorn und sein Grimm. Gott steht dafür, dass am Ende der Mörder nicht über seine Opfer siegt, dass man mit Lügen und Verschlagenheit nicht durchkommt, dass Unrecht nichts bringt, dass nicht das Recht des Stärkeren gilt, dass das Böse keine Zukunft hat. Er sorgt dafür, dass am Ende alle wirklich gleich sind, dass alle Masken fallen und die Wahrheit ans Licht kommt. Er steht dafür, dass am Ende nicht die Lüge, sondern die Wahrheit, nicht die Gewalt, sondern das Recht, nicht der Hass, sondern die Liebe siegen wird.

Kann man sich eine sinnvolle Welt denken, ohne diesen Sieg des Guten und des Wahren? Müsste man nicht an allem Sinn verzweifeln, wenn es dieses Gericht am Ende nicht gäbe? Und ist dieses Gericht nicht gerade eine Hoffnung für die Armen und die Kleinen, für diejenigen, welche in der Welt keine Stimme haben und sich nicht wehren können?

Wenn das nicht so wäre, dann wäre wirklich die Weltgeschichte das Weltgericht, dann wäre die Geschichte nur eine Siegergeschichte, in welcher die Opfer, die Unterdrückten, die Ermordeten und Geschändeten endgültig leer ausgingen und die Guten als die Dummen dastünden.

Muss man also nicht doch sagen: Es ist eine wahre Gnade, dass Gott am Ende das letzte Wort hat und sich als Richter erweist? Ja auch die Gerichtsbotschaft ist eine Gnadenbotschaft; die Gerichtsbotschaft ist eine Botschaft der Hoffnung.

Johannes der Täufer geht noch einen Schritt weiter. Er sagt nicht nur, wie Gott ist und was Gott tut, er sagt auch, was wir, die wir seine Botschaft hören, tun sollen. Er ruft auf zu Umkehr und Buße. Die Versuchung ist ja groß, zu denken: »Ja, die anderen sollen und müssen sich ändern, aber ich bin im Grunde okay. Kleinere Fehler kann ich ja zugeben; aber zu den großen Sündern gehöre ich nicht.«

Das mag ja stimmen. Aber genügt das? Für Johannes den Täufer offensichtlich nicht und für Jesus auch nicht. Ihre Botschaft ruft uns auf, genauso entschieden auf die Seite des Guten, der Gerechtigkeit und der Wahrheit zu treten, wie Gott es tut. Es genügt nicht, nichts Böses zu tun; es gilt entschieden das Gute zu tun und dafür einzutreten.

Das geht gleich aus der ersten Antwort hervor, die Johannes auf die Frage gibt: Was sollen wir tun? Er antwortet: »Wer zwei Gewänder hat, der gebe eines davon dem, der keines hat, und wer zu essen hat, handle ebenso.« Buße tun heißt, sich für diese Alternative zu entscheiden und sie zu leben. So wie

Gott ein Gott der Hoffnung ist, so sollen auch wir Hoffnungszeichen in der Welt sein. Zeugen der neuen Welt, Zeugen der Alternative der Wahrheit, der Gerechtigkeit und der Liebe. Wir sollen zeigen, dass es auch anders geht und dass es anders besser ist. Damit können wir Hoffnung stiften für viele.

Hoffnung stiften wir dagegen nicht dadurch, dass wir unbarmherzig kritisch über die anderen urteilen. Nicht wir sind Richter, Gott allein kann über das Innere der Menschen richten. Wir sind nicht Richter, sondern gleichsam Ärzte, wir sollen die Wunden heilen, welche durch das Böse geschlagen werden, und wir sollen das Gute positiv tun. Eine einzige gute Tat nützt da mehr als hundert Moralpredigten. Nach einem Wort des heiligen Augustinus soll man das Böse hassen, aber den Bösen lieben. Auch Gott will ja nicht den Tod des Sünders, sondern dass er sich bekehre und lebe.

»Es scheint heute so schwer zu sein, den schmalen Weg der kirchlichen Entscheidung in aller Gewissheit zu gehen und doch in der ganzen Weite der Christusliebe zu allen Menschen, der Geduld, der Barmherzigkeit, der ›Philanthropie‹ Gottes

(Tit 3,4) mit den Schwachen und Gottlosen zu bleiben; und doch muss beides beieinander sein, sonst gehen wir Menschenwege. Gott schenke uns in allem Ernst des Nachfolgens die Freude, in allem Nein zur Sünde das Ja zum Sünder, in aller Abwehr der Feinde das überwindende und gewinnende Wort des Evangeliums«, so schrieb der protestantische Pfarrer und Theologe Dietrich Bonhoeffer (1906–1945) im Vorwort seines Buches »Nachfolge«. In diesem Buch warnt der große Glaubenszeuge in der Verfolgung des letzten Jahrhunderts vor der billigen Gnade, vor einem Christsein ohne Umkehr und Buße, ohne Früchte des Geistes. Auch heute gibt es die Gefahr eines verbürgerlichten Gewohnheitschristentums, das sich in fast nichts mehr von der Welt unterscheidet.

Johannes spricht von der Taufe durch Feuer, er verheißt auch die Taufe im Heiligen Geist. Es sagt uns: Wir sollen aus dem Feuer der Heiligen Geistes leben, feurige Christen sein, die von Gottes heiligem Geist angetrieben werden. »Jeder wird mit Feuer gesalzen werden« (Markus 9,49).

# Worauf Verlass ist

JESUS SPRACH ZU seinen Jüngern: In jenen Tagen, nach der großen Not, wird sich die Sonne verfinstern, und der Mond wird nicht mehr scheinen; die Sterne werden vom Himmel fallen, und die Kräfte des Himmels werden erschüttert werden. Dann wird man den Menschensohn mit großer Macht und Herrlichkeit auf den Wolken kommen sehen. Und er wird die Engel aussenden und die von ihm Auserwählten aus allen vier Windrichtungen zusammenführen, vom Ende der Erde bis zum Ende des Himmels. Lernt etwas aus dem Vergleich mit dem Feigenbaum! Sobald seine Zweige saftig werden und Blätter treiben, wisst ihr, dass der Sommer nahe ist. Genauso sollt ihr erkennen, wenn ihr all das geschehen seht, dass das Ende vor der Tür steht.

Amen, ich sage euch: Diese Generation wird nicht vergehen, bis das alles eintrifft. Himmel und Erde werden vergehen, aber meine Worte werden nicht vergehen. Doch jenen Tag und jene Stunde kennt niemand, auch nicht die Engel im Himmel, nicht einmal der Sohn, sondern nur der Vater.

Seht euch also vor, und bleibt wach! Denn ihr wisst nicht, wann die Zeit da ist. Es ist wie mit einem Mann, der sein Haus verließ, um auf Reisen zu gehen: Er übertrug alle Verantwortung seinen Dienern, jedem eine bestimmte Aufgabe; dem Türhüter befahl er, wachsam zu sein. Seid also wachsam! Denn ihr wisst nicht, wann der Hausherr kommt, ob am Abend oder um Mitternacht, ob beim Hahnenschrei oder erst am Morgen. Er soll euch, wenn er plötzlich kommt, nicht schlafend antreffen.

Was ich aber euch sage, das sage ich allen: Seid wachsam!

*Markus 13,24–37*

Wir durchleben eine aufregende Zeit: eine Zeit voller blutiger Konflikte, voll von heimtückischen Terroranschlägen, voller Unsicherheit und voller Angst vor dem, was kommen mag. Bisherige Werte und Ordnungen sind erschüttert; viele Menschen haben die Orientierung verloren. Für viele zählen nur noch der Konsum und der augenblickliche private Nutzen.

Jedes Jahr bedeutet die Adventszeit für uns Christen einen Einschnitt, um innezuhalten und um uns neu zu besinnen auf das, was uns trägt und hält, was unserem Leben Sinn und Richtung gibt.

Zu den biblischen Texten, die im Gottesdienst der Kirche in der Adventszeit gelesen werden, gehören die apokalyptischen Ausblicke auf das »Ende der Welt«. Das dreizehnte Kapitel des Markusevangeliums malt ein Bild des Schreckens: Sonne und Mond werden sich verfinstern, die Sterne werden vom Himmel fallen, und die Kräfte des Himmels werden erschüttert werden.

Diese Bilder entstammen einem vergangenen Weltbild, aber sie sagen auch heute noch etwas Entscheidendes: Unsere Welt ist nicht ewig, und nichts in dieser Welt ist ewig. Die scheinbar sicheren Ordnungen, auf die wir uns meist verlassen, sie sind vergänglich. Das großartige System der Welt und die großartigen Systeme dieser Welt, sie brechen eines Tages zusammen. Auf sie ist kein endgültiger Verlass.

Haben wir nicht gerade dies schon oft erlebt? Von den mächtigen Reichen der Geschichte, ihrem sagenhaften Reichtum und mit Kunstschätzen erfüllten Städten sind nur Ruinen übriggeblieben. In unserer Lebenszeit sind die Berliner Mauer und der eiserne Vorhang gefallen, und mit ihnen sind das nach Weltherrschaft strebende Imperium der Sowjetunion und die Ideologie des Kommunismus fast über Nacht untergegangen.

Ja, es ist wahr, was der Apostel Paulus sagt: »Die Gestalt dieser Welt vergeht« (1 Korinther 7,31). Wer auf sie baut, der baut sein Leben auf den Flugsand der Geschichte, den der Wind der Zeit verweht. »Du Tor«, sagt Jesus, »schon in dieser Nacht kann dein Leben von dir gefordert werden« (Lukas 12,20).

Doch das dreizehnte Kapitel des Markusevangeliums endet nicht mit einer Schreckensbotschaft. Es sagt uns vielmehr, was bleibt, worauf Verlass ist, worauf wir unser Leben dauerhaft bauen können: »Himmel und Erde werden vergehen, aber meine Worte werden nicht vergehen.« Das Wort Gottes bleibt in Ewigkeit. Denn Gott ist treu; auf ihn ist Verlass. Auf sein Wort kann man bauen. »Du, Herr bis unser Vater, ›unser Erlöser von jeher‹ wirst du genannt« (Jesaja 63,16).

Das Wort Gottes ist vor allem ein Wort der Verheißung und der Hoffnung. Es sagt uns: Gott ist der Herr der Welt und der Geschichte. Er hält die Fäden in seiner Hand. Am Ende wird er die zerstreuten Auserwählten, die durch Gottes Gnade Gerechten, welche nach Gottes Wort leben, aus allen Windrichtungen sammeln und das Reich des Friedens, der Gerechtigkeit, der Wahrheit und der Liebe aufrichten. Dann wird Gott alles in allem sein (1 Korinther 15,28).

Deshalb haben auch die Gebote Gottes bleibend Bestand. Sie sind nicht überholter altmodischer Plunder, sie sind auch für uns heute ein sicherer Wegweiser. Sie wollen unser Leben nicht einschnüren und uns nicht unfrei machen. Sie sind Worte des Lebens; sie wollen uns helfen, dass unser Leben gelingt und glücklich wird; sie wollen uns zum wahren, zum erfüllten, zum ewigen Leben führen.

In unserer Zeit, wo so viele Menschen vom Leben enttäuscht sind und Hoffnung Mangelware geworden ist, wo Enttäuschung, Mutlosigkeit und Resignation herrschen, dürfen wir Christen Menschen des Advents sein, Menschen des Vertrauens, Zeugen der Hoffnung. Denn ohne Hoffnung kann niemand leben: kein Mensch, kein Volk und erst recht nicht die Kirche. Wir sollen bezeugen, dass das Leben und die Welt nicht ins Leere laufen, sondern einmünden in Gottes Reich.

Was folgt daraus? Nicht sorglose Unbekümmertheit, die denkt: Alles ist nicht so schlimm und alles ist nicht so wichtig; es wird am Ende schon gut gehen. Eine solche oberflächliche Happy-end-Haltung ist dem Evangelium Jesu fremd; er spricht eine andere, eine viel ernsthaftere Sprache: »Seht euch also vor, und bleibt wach!«

Damit wir diese Aufforderung auch wirklich ernst nehmen, wiederholt Jesus sie noch zweimal: »Seid also wachsam!« Das will sagen: Schlaft nicht, und wiegt euch nicht in einer falschen Sicherheit! »Denn ihr wisst nicht, wann die Zeit da ist.«

Die christliche Hoffnung richtet sich nicht auf einen »Sankt-Nimmerleins-Tag«. Sie ist keine utopische Fernerwartung. Die Hoffnung auf die Ankunft Christi richtet sich auf das Jetzt: Jetzt ist die Zeit; jetzt ist die Stunde. Jeder Tag zählt. Jeder Augenblick kann die Stunde Gottes sein.

Das ist uns heute gesagt. Die Müdigkeit, Sorglosigkeit und Schläfrigkeit von uns Christen sind eine große Gefahr. Deshalb heißt es im Neuen Testament: »Seid nüchtern und wachsam! Euer Widersacher, der Teufel, geht wie ein brüllender Löwe umher und sucht, wen er verschlingen kann« (1 Petrus 5,8). Der Kampf gegen das Böse, gegen die Versuchungen ist an jedem Tag zu bestehen.

Jeden Tag gilt es, als Christ hellwach die »Zeichen der Zeit« zu erkennen und die Möglichkeiten, welche sich auftun, mit Klugheit, aber auch mit Mut und Zuversicht zu ergreifen und zu tun, was heute möglich ist. Mitten im Alltag dieser Welt soll Advent sein, weil Gott in uns ankommen will in einem Leben des Gebets und der Werke der Liebe. Im Glauben wissen wir: Jesus Christus, der Herr der Kirche, ist mit uns alle Tage bis zum Ende der Welt (Matthäus 28,20). Dieses Vertrauen und diese Hoffnung sind lebenswichtig für unser ganzes Dasein als Christen. Als adventliche Menschen bauen wir nicht auf die Strukturen dieser Welt, wir sind vielmehr voll Hoffnung auf die kommende Welt. So können wir mit Mut jeden Tag die Portion Last, die uns zugemutet ist, tragen und jeden Tag aufs Neue bereit werden für Gott und sein Reich, das Gerechtigkeit, Friede und Freude im Heiligen Geist ist (Römer 14,17).

# II

# Die Botschaft von Nazaret

IN JENER ZEIT wurde der Engel Gabriel von Gott in eine Stadt in Galiläa namens Nazaret zu einer Jungfrau gesandt. Sie war mit einem Mann namens Josef verlobt, der aus dem Haus David stammte. Der Name der Jungfrau war Maria.

Der Engel trat bei ihr ein und sagte: Sei gegrüßt, du Begnadete, der Herr ist mit dir.

Sie erschrak über die Anrede und überlegte, was dieser Gruß zu bedeuten habe.

Da sagte der Engel zu ihr: Fürchte dich nicht, Maria; denn du hast bei Gott Gnade gefunden. Du wirst ein Kind empfangen, einen Sohn wirst du gebären: dem sollst du den Namen Jesus geben. Er wird groß sein und Sohn des Höchsten genannt werden. Gott, der Herr, wird ihm den Thron seines Vaters David geben. Er wird über das Haus Jakob in Ewigkeit herrschen, und seine Herrschaft wird kein Ende haben.

Maria sagte zu dem Engel: Wie soll das geschehen, da ich keinen Mann erkenne?

Der Engel antwortete ihr: Der Heilige Geist wird über dich kommen, und die Kraft des Höchsten wird dich überschatten. Deshalb wird auch das Kind heilig und Sohn Gottes genannt werden. Auch Elisabet, deine Verwandte, hat noch in ihrem Alter einen Sohn empfangen; obwohl sie als unfruchtbar galt, ist sie jetzt schon im sechsten Monat. Denn für Gott ist nichts unmöglich.

Da sagte Maria: Ich bin die Magd des Herrn; mir geschehe, wie du es gesagt hast. Danach verließ sie der Engel.

*Lukas 1,26–38*

## Das Licht aus Nazaret

Die Erzählung aus dem Lukasevangelium von der Verkündigung des Engels Gabriel an Maria ist eine vertraute Geschichte, vielleicht allzu vertraut. Aber wir dürfen nicht rasch über sie hinweglesen; denn es handelt sich nicht um irgendeinen Abschnitt aus der Bibel, sondern um das Evangelium, das uns und der ganzen Welt die Erlösung ansagt, das Evangelium von der Ankunft des Messias, des Retters der Welt. Das ist eine frohe Botschaft für uns alle. Sie sagt uns: Diese Welt, die so oft erfüllt ist vom Bösen, von Verzweiflung, Leiden und Tod, diese Welt und unser eigenes Leben sind weder vergessen noch verloren. Ein Licht scheint auf aus dem kleinen Haus in Nazaret, ein Licht, das wie der Morgenstern im Finstern der Nacht davon kündet, dass die Sonne aufgehen und der neue Tag anbrechen wird.

Eine junge Frau, Maria, wird berufen, die Mutter des Allerhöchsten zu werden, die Mutter von Gottes eigenem Sohn, der kommen wird, um das Reich Gottes zu bringen, das Reich der Gerechtigkeit und des Friedens, des Erbarmens und der Liebe, das den Sieg über die Reiche dieser Welt davontragen und dessen Herrschaft ewig währen wird.

Ja, Gott selbst wird kommen und das letzte, das endgültige Wort sprechen, er wird alle Tränen abwischen und alle Gebete, alle Sehnsucht und Hoffnung erfüllen.

Das ist kein bloßer Wunschtraum, keine Utopie. Es ist Wirklichkeit geworden. Es wurde wahr, weil diese junge Frau Maria, trotz ihrer Fragen, Unsicherheiten und Zweifel, all ihren Mut zusammennahm und »Ja«, sagte, »hier bin ich. Ich bin die Magd des Herrn.« So wurde sie zur Morgenröte, die dem Sonnenaufgang der Erlösung vorausging, zur Mutter der guten Hoffnung, die der Hoffnung in unserem Leben Wachstum und Strahlkraft schenkt.

Die Erzählung des Lukasevangeliums handelt von dem Anbruch und der Grundlegung unserer Erlösung, der Erlösung der ganzen Welt. Was an der Jungfrau Maria geschah, geschieht auch an uns, und ihr »Ja« zu Gottes Berufung, mit dem sie dem Engel antwortete, sprach sie stellvertretend und beispielhaft für uns. So wurde sie zum Urbild jedes Christen und der ganzen Kirche.

Vielleicht mag jetzt der eine oder die andere denken: Ich habe noch niemals die Erfahrung gemacht, dass ein Engel zu mir gesandt wurde. Wahr ist, dass das, was an Maria geschah, außerordentlich und einzigartig ist. Aber nicht auf die Art einzigartig, dass wir nicht in einer analogen, übertragenen Weise davon sprechen könnten, dass das, was an Maria geschah, auch an uns geschieht. Wir dürfen nicht bei einem quasi naturalistischen oder mirakulösen Verständnis dessen stehen bleiben, was das Lukasevangelium mit der Erscheinung des Engels beschreibt. Gott kann zu uns auf vielerlei Weise sprechen und uns einen Engel senden, der gar keine Flügel hat, so wie wir ihn uns vielleicht vorstellen würden, sondern zwei Beine, zwei Hände und einen Mund, durch den uns, dem Sprecher vielleicht unbewusst, eine Kunde erreicht, die in unserem Herzen Widerhall findet.

So wie ich Maria sehe und verstehe, war sie eine Person, die schwieg und lauschte, die mit und in ihrem Herzen lauschte, was Gott zu ihr spricht, was Gott von ihr will, wo ihr Platz und was ihre Aufgabe sein würde – wohingegen wir meistens zu sehr auf das Äußere gerichtet und von vielen Dingen abgelenkt sind, die wichtig oder interessant und faszinierend zu sein scheinen. Aber dadurch verpassen oder verdrängen wir die Stimmen, die in der Tiefe und im Schweigen zu uns sprechen. Denn wir müssen uns fragen: Sind wir wirklich aufmerksam für das, was in einer tieferen Dimension an uns geschieht, was Gott zu uns spricht, was er von uns will? Die Zeit des Advents ist eine Einladung, Abstand zu gewinnen und lauschen zu lernen.

Dann kann es geschehen, dass auch wir in der Stille ein »Ave« hören, ein »Sei gegrüßt!«. Uns wird bewusst, dass wir einen Namen haben, meinen persönlichen Namen, der mich von allen anderen unterscheidet, und dass dieser Name nicht einfach der Name ist, mit dem mich meine Familie und Freunde rufen, sondern der Name, mit dem Gott mich ruft. Gott weiß um mich, er ruft mich vor aller Zeit und wird mich niemals vergessen. Dass ich da bin, ist nicht das Ergebnis eines blinden Zufalls oder das Produkt einer richtungslosen Evolution. Sondern ich bin da als eine Person, der ein Gruß gilt, ein Willkommen in dieser Welt: »Der Herr ist mit dir.« Über meinem Leben waltet und herrscht die Gnade. Mir ebenso wie jedem Menschen gilt das Wort: »Fürchte dich nicht! Du hast Gnade gefunden bei Gott.«

Diese Einsicht lässt uns noch etwas anderes bewusst werden: Ja, Gott will mich und liebt mich, aber Gott will auch etwas von mir. Ich habe eine Aufgabe, eine Mission in dieser Welt. Sie ist nicht genau dieselbe, wie es Marias Sendung war, nämlich Mutter Gottes zu sein. Aber auch wir, jede und jeder von uns, haben die Aufgabe und die Sendung, Gott in unserem Herzen zu empfangen, nicht als unser eigenes Geschenk und Privateigentum, sondern als Geschenk und Gabe für andere. Auch von uns soll ein Licht ausgehen, das die Finsternis der Welt ein Stück heller macht; auch wir sollen Zeichen der Hoffnung sein.

Gewiss werden unmittelbar Fragen und Zweifel entstehen: Wie kann das geschehen? Und die Antwort auf diese Frage ist dieselbe, die Maria empfing: Der Heilige Geist wird über dich kommen, der Geist des Rates und der Stärke, der Weisheit und des Mutes. Aber Gottes Geist ergreift uns nicht ohne unser Zutun; er erwartet unsere Antwort, unsere Bereitschaft, unser »Ja«.

Die Geschichte, die in dem kleinen Haus in Nazaret begonnen hat, dauert an. Sie findet durch all die Jahrhunderte hindurch ihre Fortsetzung im Leben heiliger Frauen und Männer, die die Fackel weitergetragen haben, von der die Welt ihr Licht bezieht. Heute ist es unsere Aufgabe, selbst ein kleiner Morgenstern zu sein, der die Sonne der Gerechtigkeit und Liebe ankündigt, indem wir Zeugnis ablegen von Jesus Christus, unserem Retter.

## Die Macht der Gnade

Fürchte dich nicht, Maria, du hast Gnade gefunden«. Als die ganz Begnadete ist Maria nichts aus sich selbst. Alles, was sie ist und tut, verdankt sie der Gnade, die Gott durch Jesus Christus geschenkt hat und die in ihr vorauswirkt, um sie zur Mutter Gottes zu bereiten. Maria verdrängt Christus nicht und verdunkelt ihn nicht. Im Gegenteil, in all ihrer Schönheit zeigt sie, wie die Gnade Christi in ihr wirksam und fruchtbar geworden ist.

In diesem Sinn hat die Kirche das Wort »voll der Gnade« im Laufe der Zeit immer mehr so verstanden, dass Maria von allem Anfang an und in allen Dimensionen ihres Daseins »voll der Gnade« war. An ihr war von ihrem allerersten Ursprung an kein Makel der Sünde, des Unheils, der Verlorenheit. So war sie das reinste und vollkommenste Geschöpf der Gnade Gottes. Als solches sollte sie als die Mutter Gottes die Wohnung und das Eintrittstor Gottes in die Welt sein.

So ist Maria das Zeichen dafür, dass Gott die Welt und die Menschheit trotz aller Sünde und allen Unheils nicht verlorengehen ließ, sondern in Treue durchgetragen hat. Er hat sich sozusagen einen heilen Ort, eine heile Person, einen heilen Punkt aufbewahrt, wo er ansetzen konnte, um uns Menschen zurückzuholen und heimzuholen zu sich und in sein Reich.

Maria verweist uns auf etwas, das wir in unserer weithin säkularisierten Welt in Gefahr sind zu vergessen: den Primat der Gnade. Wir leben nicht aus uns, wir leben aufgrund der Gnade. Alles, was wir sind und haben, ist Geschenk. Was letztlich zählt, ist nicht, was wir »machen«, sondern Gottes Gnade. Es mag noch so düster aussehen in der Welt, und das Böse mag noch so mächtig erscheinen. Alles ist umfangen von der je größeren Gnade.

So gilt das Wort: »Fürchte dich nicht, du hast Gnade gefunden« auch uns. Es ist sogar ein wichtiges Wort für uns heute. Denn Angst geht um. Wir leben in einer Zeit großer Umbrüche auf allen Gebieten des Lebens. Es ändert sich vieles und Grundlegendes. Viele fragen: Worauf kann ich hoffen? Wo ist Vertrauen möglich? Was hält und was trägt?

Die Antwort lautet: »Fürchte dich nicht, du hast Gnade gefunden.« Habt keine Angst! Gnade, das heißt ursprünglich Wohlwollen und will sagen: Da ist einer, der dir wohl will. Dieser Eine ist nicht irgendeiner. Es ist Gott, das tiefste Geheimnis und der Herr aller Wirklichkeit. Gott ist dir wohl gesinnt. Er hält und trägt dich. Er liebt dich und hat dich von Ewigkeit her auserwählt und dich – wie es beim Propheten (Jesaja 49,16) heißt – in seine Hand geschrieben. Er vergisst dich nie und nimmer. Noch mehr: Er ist nicht nur bei dir und mit dir; er ist in dir. Er teilt sich dir mit und schenkt sich dir. Er wohnt in dir und in deinem Herzen. Du bist ein Tempel des Heiligen Geistes. Gott »hat uns mit allem Segen seines Geistes gesegnet durch unsere Gemeinschaft mit Christus im Himmel. Denn in ihm hat er uns erwählt vor der Erschaffung der Welt, damit wir heilig und untadelig leben vor Gott; er hat uns aus Liebe im Voraus dazu bestimmt, seine Söhne zu werden durch Jesus Christus und nach seinem gnädigen Willen zu ihm zu gelangen, zum Lob seiner herrlichen Gnade. Er hat sie uns geschenkt in seinem geliebten Sohn« (Epheser 1,3–6).

Das Ja, das Gott zu Maria gesprochen hat, befähigt sie, ganz und ungeteilt Ja zu Gott und seinem Willen zu sagen. In der Kraft des Jas Gottes hat sie auch selber Ja gesagt: »Ich bin die Magd des Herrn; mir geschehe, wie du es gesagt hast.«

Dieses *Fiat,* »Es geschehe«, ist Maria nicht immer leicht gefallen. Schon am Anfang verstand sie nicht, wie das alles geschehen soll. Später hatte sie dieses Ja durchzuhalten. Bereits den zwölfjährigen Jesus musste sie unter Sorgen drei Tage lang suchen, bis sie ihn im Tempel wiederfand. Beim öffentlichen Auftreten Jesu kamen ihr selber Fragen; sie wollte Jesus nach Hause zurückholen. Schließlich musste sie ihrem Sohn bis unter das Kreuz nachfolgen. »Stabat mater«: Sie stand, war standhaft und standfest auch unter dem Kreuz. Sie hielt ihr Ja, wenngleich unter Schmerzen, in Treue durch. Sie ist wie wir den Pilgerweg des Glaubens gegangen. Sie ist unsere Schwester im Glauben.

So ist Maria das Urbild und Vorbild unserer Jüngerschaft, unseres Christseins. Maria, unsere Schwester und Wegbegleiterin auf dem Pilgerweg des Glaubens, sagt uns wie bei der Hochzeit zu Kana in Galiläa: »Was er – Christus – euch sagt, das tut!« (Johannes 2,5). Sie zeigt uns, worauf es ankommt: Gottes Willen zu tun und uns zu heiligen und heilig zu werden. »Denn er hat uns erwählt vor Erschaffung der Welt, damit wir heilig und untadelig vor Gott leben« (Epheser 1,4). Dabei kommt es nicht auf das Außerordentliche an, sondern darauf, das Ordentliche mit außerordentlicher Treue zu tun. So weist uns Maria als die ganz Begnadete und ganz Heilige den Weg nach innen und nach oben.

# Der Friedensfürst

Die Verkündigung des Engels an Maria nimmt die Verheißungen der Propheten und die sehnsüchtige Hoffnung Israels und der gesamten Menschheit auf. Er kündet den erhofften Messias an, dem Gott der Herr den Thron Davids geben wird und dessen Herrschaft ohne Ende sein wird. Er ist der Friedensfürst (Jesaja 9,5).

Das sind Bilder von großer Kraft. Sie strahlen Hoffnung gegen alle Hoffnung aus, die wir in unserer Situation dringend benötigen und an der sonst in unserer Welt erheblicher Mangel besteht. Sie kann uns Mut machen. Denn solche Hoffnung durchkreuzt das Zwanghafte scheinbar unausweichlicher Konflikte. Sie sagt uns: In den Augen Gottes ist die Welt nicht so, wie sie aus menschlicher Perspektive manchmal aussehen mag. Von Gott her ist der rettende Ausweg möglich.

Doch wie? Genau dies ist die Frage der Maria. Sie fragt: »Wie soll das geschehen?« Wie soll sie, die

Jungfrau, ein Kind, den erhofften Messias, erwarten, da sie doch keinen Mann erkennt? Menschlich gesehen unmöglich, eine weltfremde Wunschvorstellung, vielleicht sogar eine Wahnidee. Aber Maria erhält als Antwort: »Bei Gott ist nichts unmöglich. Der Heilige Geist wird über dich kommen, die Kraft des Höchsten dich überschatten.« Der »heilige Geist«, nicht der Geist der Welt und der Menschengeist – das ist die Antwort. Durch das wunderbare Wirken des Geistes ist das Wunder von Weihnachten, das Kommen des Erlösers und der Anfang einer neuen Welt, möglich geworden.

Heiliger Geist, das ist nach der Bibel göttlicher Lebensodem, der in allem Lebendigen wirkt; das ist Gottes Schöpferkraft, die die Welt und die Geschichte durch alle Bedrängnisse und Katastrophen hindurch ihrem Ziel, dem messianischen Reich des Friedens, der Freiheit, der Gerechtigkeit, des Lebens und der Liebe entgegenführt. Er ist nicht der Geist der Gewalt, der äußerlich zwingt; er ist der Geist, der von innen wirkt, sich im Herzen, im Gewissen der Menschen regt, der Hoffnung einpflanzt, welche Geduld und Mut schenkt, Fantasie und Einsicht gibt, um die Schwierigkeiten zu bestehen und zu überwinden, um die Welt von innen her zu verwandeln und ihr wenigstens einen Abglanz des Weihnachtsfriedens zu vermitteln.

Der Friede in der Welt beginnt im Kleinen: im Herzen und in den Gedanken des Friedens, im Alltag eines jeden von uns, in der Familie und am Arbeitsplatz, in der Nachbarschaft und in vielen einzelnen menschlichen Begegnungen. Von dort strahlt er aus in die größere Welt der Politik. Auch an Weihnachten hat der Friede ganz klein angefangen: in einem kleinen, schwachen, wehrlosen Kind, und doch hat das Licht, das von der Krippe von Betlehem ausgeht, bis heute nichts von seiner Faszination verloren. Gott offenbarte seine Macht und Größe in der Schwachheit. Wenn wir uns zu diesem Kind als dem Friedensfürsten, dessen Herrschaft ohne Ende ist, bekennen, müssen wir umdenken und auf Gewalt verzichten und durch viele kleine Taten der Liebe Friedenstifter sein.

# III

# Weihnachten feiern

## Christ, der Retter, ist da

IN JENEN TAGEN erließ Kaiser Augustus den Befehl, alle Bewohner des Reiches in Steuerlisten einzutragen. Dies geschah zum ersten Mal; damals war Quirinius Statthalter von Syrien. Da ging jeder in seine Stadt, um sich eintragen zu lassen.

So zog auch Josef von der Stadt Nazaret in Galiläa hinauf nach Judäa in die Stadt Davids, die Betlehem heißt; denn er war aus dem Haus und Geschlecht Davids. Er wollte sich eintragen lassen mit Maria, seiner Verlobten, die ein Kind erwartete.

Als sie dort waren, kam für Maria die Zeit ihrer Niederkunft, und sie gebar ihren Sohn, den Erstgeborenen. Sie wickelte ihn in Windeln und legte ihn in eine Krippe, weil in der Herberge kein Platz für sie war.

In jener Gegend lagerten Hirten auf freiem Feld und hielten Nachtwache bei ihrer Herde. Da trat der Engel des Herrn zu ihnen, und der Glanz des Herrn umstrahlte sie. Sie fürchteten sich sehr, der Engel aber sagte zu ihnen: Fürchtet euch nicht, denn ich verkünde euch eine große Freude, die dem ganzen Volk zuteil werden soll: Heute ist euch in der Stadt Davids der Retter geboren; er ist der Messias, der Herr. Und das soll euch als Zeichen dienen: Ihr werdet ein Kind finden, das, in Windeln gewickelt, in einer Krippe liegt.

Und plötzlich war bei dem Engel ein großes himmlisches Heer, das Gott lobte und sprach: Verherrlicht ist Gott in der Höhe, und auf Erden ist Friede bei den Menschen seiner Gnade.

*Lukas 2,1–14*

Weihnachten ist das Fest der Geschenke und der Lichter. Eltern beschenken ihre Kinder, Eheleute und Freunde beschenken sich gegenseitig. Man schreibt sich Briefe und Weihnachtskarten und wünscht sich Frieden und Freude für das bald beginnende neue Jahr. Die Lichter auf den Plätzen und Straßen, in den Kirchen und Häusern strahlen wider in unseren Herzen und machen den manchmal grauen Alltag etwas licht und hell.

Weihnachten ist für viele, auch für solche, die nicht zu den Kirchgängern zählen, so etwas wie der Traum und die Sehnsucht nach einer anderen Welt des Friedens, der Freude und der Freundschaft.

Für Christen ist Weihnachten mehr als ein Traum und mehr als eine Sehnsucht. Es ist eine unerwartete, wunderbare Wirklichkeit. Das Wort des Engels an die Hirten auf den Fluren von Betlehem deutet diese Realität: »Ich verkünde euch eine große Freude, die dem ganzen Volke zuteilwerden soll. Heute ist euch in der Stadt Davids der Retter geboren; er ist der Messias, der Herr.«

In dem bekanntesten aller Weihnachtslieder »Stille Nacht, heilige Nacht« singen wir: »Christ, der Retter, ist da!« Er ist das Licht, das hereinleuchtet in die sonst oft dunkle Welt und der unser Herz erhellt mit einem neuen hellen Schein. In ihm ist auf wunderbare Weise die Sehnsucht und der Menschheitstraum nach einem neuen Anfang und einer anderen, besseren, neuen Welt in Erfüllung gegangen. In dem lächelnden Kind in der Krippe strahlt etwas auf vom Glanz der himmlischen Herrlichkeit.

Die vielen schönen, uns oft noch aus Kindertagen vertrauten Weihnachtslieder sind nicht nur Stimmungsmacher. Sie wollen uns sagen: Ihr träumt nicht, es ist wahr, es ist wirklich. Das Wunder ist geschehen. »Es ist«, wie der Prophet Jesaja vorausgesagt hat, »ein Ros entsprungen«, ein kleines Blümlein an einem tot geglaubten Wurzelstumpf ist aufgegangen. In einer Weise, wie man es niemals erwarten konnte, ist dieser Stumpf aufgeblüht, »mitten im kalten Winter wohl zu der halben Nacht«.

»Christ, der Retter, ist da!« Gott hat uns nicht allein gelassen in der dunklen Welt; er ist zu uns gekommen, einer von uns geworden, nicht in den Palästen der Reichen und Mächtigen, er ist zu den kleinen Leuten, den armen und einfachen Hirten auf dem Feld gekommen in der Armut eines Stalls. Den Alltag der allermeisten Menschen wollte mit seiner Gegenwart und seinem Glanz erfüllen.

Sage niemand, das sei nur ein Märchen oder ein Mythos, wie es viele gibt in der Weltliteratur. So harte Realitäten wie den Stall, dann die Flucht nach Ägypten, die dreißig stillen und verborgenen Jahre in Nazaret und am Ende der Galgen, das Kreuz, das alles erfindet kein Märchen. Das ist aus dem Leben genommen.

Gib, dass wir durch den wunderbaren Tausch
deinem Sohn gleichgestaltet werden,
in dem unsere menschliche Natur
mit deinem göttlichen Wesen vereint ist.

*Aus dem Gabengebet der Heiligen Nacht*

Dieses Gebet deutet uns das Weihnachtsgeschehen aus: Es spricht von einem wunderbaren Tausch: Gottes Sohn ist uns gleich geworden; er hat unsere armselige menschliche Natur angenommen, damit wir an seiner göttlichen Natur Anteil haben können.

So ist Weihnachten nicht eine äußere Revolution und kein äußerer, meist blutig verlaufender Umsturz; Weihnachten will unser Herz ergreifen und verwandeln. In unserem Herzen muss Christ, der Heiland, neu geboren werden, um uns innerlich froh und reich zu machen, sodass wir in die schönen Weihnachtslieder, die von der Freude sprechen, dankbar einstimmen können. »In dulci jubilo, nun singet und seid froh.«

Dann aber soll der Weihnachtsfrieden und die Weihnachtsfreude auch hinausstrahlen in die Welt. Weihnachten soll ein Tag der Geschenke, des Friedens, der Freude sein. Es soll ein Tag sein, den wir nicht nur im trauten Kreis der Familie und der Freunde verbringen, an dem wir vielmehr auch an die vielen denken, die wie Maria und ihr Kind wohnungslos sind, die auch an diesem Tag einsam sind, die auf der Flucht sind, die verfolgt werden wegen ihres christlichen Glaubens oder die sonst Unrecht und Gewalt leiden.

An uns ist es, das Licht der Heiligen Nacht hinauszutragen zu denen, die die Botschaft »Christ, der Retter, ist da« noch nicht vernommen haben oder sie nicht glauben können. Wenigstens ein wärmender Strahl der Freude und des Lichts soll auch sie durch uns treffen. Durch unsere Menschenfreundlichkeit soll die Freude, welche der Engel den Hirten verkündet hat, allem Volk zuteilwerden.

## Die Kraft der Weihnachtslieder

UND PLÖTZLICH WAR bei dem Engel ein großes himmlisches Heer, das Gott lobte und sprach:

Verherrlicht ist Gott in der Höhe
und auf Erden ist Friede
bei den Menschen seiner Gnade.

Als die Engel sie verlassen hatten und in den Himmel zurückgekehrt waren, sagten die Hirten zueinander: Kommt, wir gehen nach Betlehem, um das Ereignis zu sehen, das uns der Herr verkünden ließ. So eilten sie hin und fanden Maria und Josef und das Kind, das in der Krippe lag. Als sie es sahen, erzählten sie, was ihnen über dieses Kind gesagt worden war.

Und alle, die es hörten, staunten über die Worte der Hirten. Maria aber bewahrte alles, was geschehen war, in ihrem Herzen und dachte darüber nach.

Die Hirten kehrten zurück, rühmten Gott und priesen ihn für das, was sie gehört und gesehen hatten; denn alles war so gewesen, wie es ihnen gesagt worden war.

*Lukas 2,13–20*

Wenn wir im Lukasevangelium die Kindheitsgeschichte Jesu lesen, dann können wir feststellen, wie oft da vom Singen die Rede ist. Schon im Vorfeld hören wir von Liedern: vom Lobgesang der Gottesmutter Maria, dem *Magnificat* (Lukas 1,46–55), das sie bei ihrem Besuch bei ihrer Base Elisabet singt:

Meine Seele preist die Größe des Herrn, und mein Geist jubelt über Gott, meinen Retter.
Denn auf die Niedrigkeit seiner Magd hat er geschaut. Siehe, von nun an preisen mich selig alle Geschlechter.
Denn der Mächtige hat Großes an mir getan, und sein Name ist heilig.
Er erbarmt sich von Geschlecht zu Geschlecht über alle, die ihn fürchten.

Er vollbringt mit seinem Arm machtvolle Taten: Er zerstreut, die im Herzen voll Hochmut sind.
Er stürzt die Mächtigen vom Thron und erhöht die Niedrigen.
Die Hungernden beschenkt er mit seinen Gaben und lässt die Reichen leer ausgehen
Er nimmt sich seines Knechtes Israel an und denkt an sein Erbarmen, das er unseren Vätern verheißen hat, Abraham und seinen Nachkommen auf ewig.

Später ist im Lukasevangelium vom Loblied des Priesters Zacharias, dem *Benedictus* (Lukas 1,68–79), die Rede:

Gepriesen sei der Herr, der Gott Israels! Denn er hat sein Volk besucht und ihm Erlösung geschaffen.
Er hat uns einen starken Retter erweckt im Hause seines Knechtes David.
So hat er verheißen von alters her durch den Mund seiner heiligen Propheten.
Er hat uns errettet vor unseren Feinden und aus der Hand aller, die uns hassen.
Er hat das Erbarmen mit den Vätern an uns vollendet

und an seinen heiligen Bund gedacht, an den Eid, den er unserem Vater Abraham geschworen hat.

Er hat uns geschenkt, dass wir, aus Feindeshand befreit, ihm furchtlos dienen in Heiligkeit und Gerechtigkeit vor seinem Angesicht all unsere Tage.

Und du Kind, wirst Prophet des Höchsten heißen, denn du wirst dem Herrn vorangehen und ihm den Weg bereiten.

Du wirst sein Volk mit der Erfahrung des Heils beschenken in der Vergebung der Sünden.

Durch die barmherzige Liebe unseres Gottes wird uns besuchen das aufstrahlende Licht aus der Höhe,

um allen zu leuchten, die in Finsternis sitzen und im Schatten des Todes und unsere Schritte zu lenken auf den Weg des Friedens.

In der Weihnachtsgeschichte selbst wird vom Loblied der Engel, dem *Gloria* (Lukas 2,14), auf dem Hirtenfeld von Betlehem berichtet:

Verherrlicht ist Gott in der Höhe
und auf Erden ist Friede
bei den Menschen seiner Gnade.

Von den Hirten wird gesagt, dass sie von der Krippe zurückkehrten und Gott lobten. Wenn wir weiterlesen, dann hören wir vom Lobgesang des greisen Simeon und der Prophetin Hanna, dem *Nunc dimittis* (Lukas 2,29–32):

Nun lässt du, Herr, deinen Knecht,
wie du gesagt hast, in Frieden scheiden.
Denn meine Augen haben das Heil gesehen,
das du vor allen Völkern bereitet hast,
ein Licht, das die Heiden erleuchtet,
und Herrlichkeit für dein Volk Israel.

Weihnachten ist – besonders bei uns in Deutschland – die Zeit des Singens und der Lieder, und wir Deutsche besitzen ja einen großen Reichtum an herrlichen Weihnachtsliedern, die inzwischen, in viele Sprachen übersetzt, in der ganzen Welt gesungen werden.

An Weihnachten haben wir als Christen ja auch allen Grund zum Singen. Denn die Frohe Botschaft von Weihnachten lautet: »Christ, der Retter, ist da!« Gott hat uns nicht allein gelassen. Gott überlässt uns nicht einfach dem Zufall oder dem Schicksal. Er ist vom Himmel herabgestiegen und ist Mensch geworden. Er wollte bei uns und mit uns sein, unser Leben teilen, seine guten und schönen Seiten, aber auch dort, wo es dunkel und traurig ist. Er hat selbst das Leiden und das Sterben auf sich genommen. Er ist ganz Mensch geworden, damit wir in allen Situationen unseres Lebens ganz bei Gott sind. Er hat unser Leben geteilt, damit wir das Leben Gottes teilen können, schon jetzt auf dieser Erde und einmal für immer im ewigen Leben.

Deshalb gehört Singen zu unserem Gotteslob, aber auch umgekehrt gilt: Unser Gotteslob gehört zum Singen. Denn Singen kann ja nur, wer ein gutes und ein frohes Herz hat; wer weiß: Geschehe, was wolle, ich bin erlöst, Gott liebt mich, er liebt alle und will allen gut. Wo dieser Glaube fehlt, kann das Herz leicht schwer werden. Da sehen Menschen oft keinen Ausweg mehr, da können sie über den Zustand der Welt, über all das Schlechte und Böse, das Ungerechte, das es in der Welt gibt, fast verzweifeln oder sie verfallen ins Jammern und ein zielloses Kritisieren.

Der Glaube an Gott, der Glaube, dass Gott da ist und mit uns ist, kann Mut, Zuversicht, Hoffnung geben und uns – trotz allem – singen und musizieren lassen. Die biblischen Lobgesänge zeigen uns: Wer singt und musiziert, verdrängt oder vergisst nicht einfach das Leid, sondern besiegt es auch.

»Christ, der Retter, ist da« – das heißt: Nicht blinder Zufall, auch nicht Geld, Macht und Prestige bestimmen letztlich unser Leben. Unser Leben gehört Gott. Bei ihm sind wir aufgehoben, von ihm sind wir gehalten und getragen, von ihm begleitet und geführt, von seinem Wort genährt und durch die Taufe und die anderen Sakramente innerlich erfüllt. Das ist Grund zum Danken, zum Loben, zum Singen.

Durch unser Singen erheben wir uns über die alltäglichen Dinge und bringen zum Ausdruck: Großer Gott, es ist gut, dass du da bist, dass du in Jesus Mensch geworden bist, dass du unserem Leben einen Sinn, eine Richtung, eine Hoffnung gegeben hast. Das macht uns froh. Dafür danken wir dir. Deshalb loben wir dich. Darum singen wir. Wer so singt, der betet doppelt.

Wir wollen durch unser Singen unserer Freude, Christ sein zu dürfen, Ausdruck geben, und wir wollen die Frohe Botschaft durch unser Singen auch an andere weitergeben. Viele wissen heute nichts mehr vom Evangelium, oder sie verstehen es nicht mehr. Aber unser Singen kann sie anziehen, es geht ihnen vielleicht zu Herzen und kann ihnen einen Strahl des Lichtes und der Freude vermitteln, die die Weihnachtsbotschaft in unseren Herzen entzündet hat.

Dafür gibt es ein berühmtes Beispiel. Der heilige Augustinus, einer der größten Theologen der Kirchengeschichte, führte vor seiner Taufe in Rom längere Zeit ein einigermaßen liederliches Leben. Er war aber ein ernsthafter Mensch und suchte nach mehr; er wollte weiterkommen. So wechselte er von einer Denkrichtung zur nächsten. Doch nichts befriedigte ihn ganz. Da kam er in den Dom in Mailand, wo der große Bischof Ambrosius predigte, und hörte den Gesang. In seiner Lebensbeschreibung, den *Bekenntnissen,* wie er sie selbst nennt, dankt Augustinus Gott; er schreibt:

> Wie weinte ich bei den Hymnen und Gesängen auf Dich, mächtig bewegt vom Wohllaut dieser Lieder Deiner Kirche! Die Weisen drangen an mein Ohr, und die Wahrheit flößte sich ins Herz, und fromm-inniges Gefühl wallte über: die Tränen flossen und mir war wohl bei ihnen.[1]

Durch die Musik, die Augustinus hörte, drang Gott in sein Herz und erschloss ihm die Wahrheit, die sich in dem gesungenen Text ausdrückte. Die Musik war ihm also Verkündigung und führte zu seiner Bekehrung und Taufe. Erst so ist er der große Theologe, Bischof und Kirchenlehrer geworden, dessen Schriften wir bis heute studieren.

Was wird uns die kommende Zeit, das neue Jahr bringen? Als Menschen können wir diese Frage selbstverständlich nicht beantworten. Aber als Christen wissen wir eines: »Christ, der Retter, ist

[1] Augustinus, Bekenntnisse IX,6 (Ausgabe Joseph Bernhart ed. $^{4}$1980).

da«, und er ist der einzige Retter. Allein in ihm ist Rettung, Heil, Frieden, Gerechtigkeit, Leben. Er kann auch heute und in jedem neuen Abschnitt unseres Lebens Orientierung, Licht und Kraft sein. Aus diesem Glauben haben unsere Vorfahren gelebt, und es ist meine feste Überzeugung: Auch heute kann uns niemand etwas Besseres mit auf den Weg geben. An Christus können und müssen wir uns ausrichten, an ihn uns halten. Dann werden wir nicht fehlgehen. Ihn müssen wir deshalb an den Anfang jedes Neubeginns stellen und ihn und seine Botschaft weitergeben: durch das, was wir mit Worten sagen, und noch mehr durch das, was wir tun und was wir leben, und auch durch unser Singen.

Wir Christen sind gar nicht so wenige, nicht nur ein kleines versprengtes Häuflein, sondern wirken alle zusammen wie ein großer Menschheitschor, der die Zukunft bestimmen kann. Die Zukunft gehört Jesus Christus. Er *ist* die Zukunft, und er ist unsere Hoffnung.

## Wer wir sind und sein können

IM ANFANG WAR das Wort, und das Wort war bei Gott, und das Wort war Gott.

Im Anfang war es bei Gott. Alles ist durch das Wort geworden, und ohne das Wort wurde nichts, was geworden ist.

In ihm war das Leben, und das Leben war das Licht der Menschen. Und das Licht leuchtet in der Finsternis, und die Finsternis hat es nicht erfasst.

Das wahre Licht, das jeden Menschen erleuchtet, kam in die Welt. Er war in der Welt, und die Welt ist durch ihn geworden, aber die Welt erkannte ihn nicht. Er kam in sein Eigentum, aber die Seinen nahmen ihn nicht auf.

Allen aber, die ihn aufnahmen, gab er Macht, Kinder Gottes zu werden, allen, die an seinen Namen glauben, die nicht aus dem Blut, nicht aus dem Willen des Fleisches, nicht aus dem Willen des Mannes, sondern aus Gott geboren sind.

Und das Wort ist Fleisch geworden und hat unter

uns gewohnt, und wir haben seine Herrlichkeit gesehen, die Herrlichkeit des einzigen Sohnes vom Vater, voll Gnade und Wahrheit.

*Johannes 1,1–5.9–14*

Das Wort ist Fleisch geworden«, Gott ist Mensch geworden – das ist die Botschaft von Weihnachten. Im 11. Jahrhundert lebte in England ein Mönch namens Anselm, der fragte: Warum ist Gott Mensch geworden? Unter diesem Titel – *Cur deus homo* (»Warum ist Gott Mensch geworden?«) – hat er ein berühmtes Buch geschrieben. Seine Antwort lautet: Die Sünde ist so groß und so mächtig in der Welt, dass allein Gott Abhilfe schaffen konnte; allein Gott ist groß und mächtig genug, um uns Heil und Erlösung zu bringen.

Das ist eine Botschaft, welche heute wieder neu aktuell ist. Wir haben oft den Eindruck: Es geht nichts mehr voran, weder in der großen noch in der kleinen Politik. Eine äußere und innere Lähmung, viel Resignation und Angst machen sich breit. Die großen Zukunftshoffnungen sind verflogen. Jeden

Tag hören und lesen wir von Krieg, Unrecht und Gewalt, von zerbrochenen Ehen, von Hunger, Krankheit und Verzweiflung. Manche Extremisten meinen, man könne den gordischen Knoten mit Gewalt durchhauen; doch jeder Vernünftige weiß, dass wir damit alles nur noch schlimmer machen.

Wo also ist der Ausweg? Wie kann es weiter gehen? Die Botschaft von Weihnachten besagt: Unsere Situation ist schlimm, aber sie ist nicht so schlimm, dass es keinen Ausweg mehr gibt. Gott hat uns nicht im Stich gelassen. Er ist um unseretwillen und um unseres Heiles willen vom Himmel herabgestiegen und ist Mensch geworden. Deshalb lautet die Botschaft des Engels an die Hirten auf dem Feld von Betlehem: »Fürchtet euch nicht!« (Lukas 2,10). Habt keine Angst, schöpft Hoffnung, habt Mut und Zuversicht! Jedem von euch leuchtet der Stern von Betlehem.

»Das Wort ist Fleisch geworden«, Gott ist Mensch geworden. Das sagt uns, wer Gott ist. Es gibt wohl nur wenig bewusste und entschiedene Atheisten. Aber ein hoher Prozentsatz von Menschen, auch von Christen, hat nur noch eine sehr verblasste Vorstellung von Gott. Früher dachten sich viele Gott als einen strafenden Gott, vor dem man Angst haben muss; heute ist Gott für viele ganz fern, irgendein höheres Wesen, das sich nicht um uns kümmert und um das wir uns nicht zu kümmern brauchen.

Gott, wie er sich uns an Weihnachten offenbart, ist nicht dieser namenlose Gott, sondern der persönliche Gott, der ein Herz für den Menschen hat, den es des Menschen erbarmt, ja, dem es wegen des Elends der Menschen das Herz umdreht, der deshalb uns in Jesus Christus geradezu nachläuft, der selbst Mensch wird, um all die Not, all das Leiden und die Schmerzen, die Gewalt, Verlassenheit und Einsamkeit, die Hilflosigkeit eines kleinen Kindes, die Wohnungs- und Heimatlosigkeit eines jungen Elternpaares, die Treulosigkeit seiner Freunde und den Hass seiner Gegner am eigenen Leib zu erfahren. In allem ist er uns gleich geworden. Er ist ein Gott der Menschen. Jemand hat sogar einmal gesagt: Gott ist geradezu verrückt auf uns Menschen.

Er ist verliebt ins uns. Er überhäuft uns – wie das Weihnachtsevangelium sagt – mit »Gnade über Gnade«.

Das ist eine ganz unglaubliche Botschaft, die kein menschliches Hirn, geschweige denn ein noch so raffinierter Computer konstruieren konnte. Vor diesem Geheimnis der Liebe können wir nur – so wie die Hirten in der Heiligen Nacht – anbetend niederknien. Diese Haltung des Staunens und der Anbetung müssen wir heute wieder ganz neu lernen, um bewusst und einfach »Danke« zu sagen für so viel Liebe und für die Freude von Weihnachten.

Gott sagt uns in der Menschwerdung seines Sohnes nicht nur, wer er ist; er sagt er uns auch, wer wir Menschen sind. Auch das ist heute nötig. Denn viele haben die Orientierung verloren. Sie wissen nicht mehr, warum und wozu sie da sind. Sie kommen sich wertlos vor. Im vergangenen Jahrhundert sind Wert und Würde des Menschen oft auf der Strecke geblieben. Mord und Totschlag hat es zwar von Anfang an, seit Kain und Abel, gegeben. Aber hat es jemals zwei so schreckliche Weltkriege, so schlimme Massenvernichtungswaffen, so brutalen, Menschen verachtenden Terrorismus gegeben?

Wie banal wir oft über den Menschen denken zeigt sich daran, dass wir von Ungerechtigkeit, Lieblosigkeit, Treulosigkeit, Eitelkeit, Lüge und vielem anderen oft einfach sagen: »Das ist menschlich.« Müssten wir nicht umgekehrt sagen: Treue, Anstand, Fairness, Gerechtigkeit und Erbarmen sind die wahre Größe des Menschen und Zeichen einer wahrhaft menschlichen Kultur?

Gott hat durch die Menschwerdung eine eindeutige und endgültige Antwort auf die Frage gegeben: Was ist der Mensch? Die Antwort lautet: Der Mensch, jeder Mensch, ist ein erbarmungswürdiges und zugleich ein liebenswürdiges Wesen. Wir sind erbarmenswürdig, weil wir uns nicht aus eigener Kraft aus unserer Not und unserem Elend befreien können. Wir sind in unserem Elend auf Gottes Erbarmen angewiesen. Unsere Größe ist, dass wir – und zwar jeder Einzelne von uns – für Gott liebenswürdige Wesen sind, so liebenswürdig, dass Gott selbst Mensch geworden ist. Er wollte uns ganz nahe sein. So hat jeder Mensch einen unendlichen Wert, ganz unabhängig davon, ob er Einheimischer oder Fremder, gesund oder krank, alt, behindert ist, unabhängig davon, ob er reich oder arm ist. Jeder ist für Gott liebenswert; jeder ist unendlich wertvoll. Gott wollte Mensch werden, damit wir an seinem göttlichen Leben Anteil haben.

Sind wir uns dieser Würde immer bewusst? Sind wir nach dem Vorbild Gottes barmherzige Menschen, die Erbarmen haben mit den anderen, oder sind wir gleichgültig gegenüber dem Leid anderer? Ist es bei uns im zwischenmenschlichen Bereich nicht recht kalt geworden? Droht die Humantemperatur unserer Welt nicht oft unter den Gefrierpunkt zu fallen? Weihnachten eröffnet uns eine neue Kultur wahrer Menschlichkeit und menschlicher Solidarität.

Gott teilt unser schwaches Menschsein, um uns sein göttliches Leben mitteilen zu können. Wer schon einmal in Betlehem war und dort die Geburtskirche besucht hat, der weiß, dass man sie nur durch ein sehr niedriges Tor betreten kann; man muss sich also bücken, um hineinzukommen. Das scheint mir symbolisch zu sein. Gott selbst hat sich klein gemacht, als er in diese Welt kam. Da dürfen auch wir uns nicht groß machen. Wir müssen uns klein machen, wenn wir zum Kind in der Krippe kommen wollen, und wir müssen uns herunterbücken zu unseren Mitmenschen. Wenn wir niederknien und beten, dann sind wir am größten.

Warum also ist Gott Mensch geworden? Er wollte zeigen, wer er ist und wer wir sind. Er wollte es nicht nur zeigen, er wollte es leibhaftig vormachen und tun. Er wollte den Wärmestrom der göttlichen Liebe in unsere müde und kalt gewordene Welt einleiten. So wollte er das Eis brechen zwischen uns und Gott wie das Eis zwischen uns Menschen. Weihnachten, das ist der Triumph der Gnade, des Mitleids und der Liebe. Sie strahlt auf als Licht im Gesicht des Kindes in der Krippe. »Kommt, lasset uns anbeten!«

# IV

# Dem Weihnachtsstern folgen

## Der Weg zur Anbetung

ALS JESUS ZUR Zeit des Königs Herodes in Betlehem in Judäa geboren worden war, kamen Sterndeuter aus dem Osten nach Jerusalem und fragten: Wo ist der neugeborene König der Juden? Wir haben seinen Stern aufgehen sehen und sind gekommen, um ihm zu huldigen.

Als König Herodes das hörte, erschrak er und mit ihm ganz Jerusalem. Er ließ alle Hohenpriester und Schriftgelehrten des Volkes zusammenkommen und erkundigte sich bei ihnen, wo der Messias geboren werden solle. Sie antworteten ihm: In Betlehem in Judäa; denn so steht es bei dem Propheten: Du, Betlehem im Gebiet von Juda, bist keineswegs die unbedeutendste unter den führenden Städten von Juda; denn aus dir wird ein Fürst hervorgehen, der Hirt meines Volkes Israel.

Danach rief Herodes die Sterndeuter heimlich zu sich und ließ sich von ihnen genau sagen, wann der Stern erschienen war. Dann schickte er sie nach Betlehem und sagte: Geht und forscht sorgfältig nach, wo das Kind ist; und wenn ihr es gefunden habt, berichtet mir, damit auch ich hingehe und ihm huldige.

Nach diesen Worten des Königs machten sie sich auf den Weg. Und der Stern, den sie hatten aufgehen sehen, zog vor ihnen her bis zu dem Ort, wo das Kind war; dort blieb er stehen. Als sie den Stern sahen, wurden sie von sehr großer Freude erfüllt. Sie gingen in das Haus und sahen das Kind und Maria, seine Mutter; da fielen sie nieder und huldigten ihm. Dann holten sie ihre Schätze hervor und brachten ihm Gold, Weihrauch und Myrrhe als Gaben dar.

Weil ihnen aber im Traum geboten wurde, nicht zu Herodes zurückzukehren, zogen sie auf einem anderen Weg heim in ihr Land.

*Matthäus 2,1–12*

Die Erzählung aus der Kindheitsgeschichte des Matthäusevangeliums ist bekannt als die Geschichte von den Heiligen Drei Königen. Eigentlich waren es keine Könige, sondern im damaligen Sinn weise und gelehrte Männer, das heißt aber auch – wie alle wirklich Gelehrten – fragende und suchende Menschen. Sie beobachteten den Lauf und die Konstellation der Gestirne. Aber es beschäftigte sie nicht nur, wie die Gestirne ihre Bahnen am Himmel ziehen; sie interessierten sich auch für die Geschicke hier auf der Erde. Sie sahen das Unrecht, die Gewalt, den Hass, den Egoismus, die Verlogenheit in der Welt, die es auch damals wie zu allen Zeiten gab und auch heute gibt. Sie sahen das unermessliche Leid in der Welt, an das uns heute die Sternsinger in diesen Tagen mit ihrem Singen und Sammeln erinnern. Sie wussten: So kann und so darf es nicht weitergehen. In den Herzen dieser drei Männer brannten die Frage und die Sehnsucht nach dem Messias, nach dem Erlöser.

Sie waren aber weise genug, um zu wissen: Ein Mensch, und sei er noch so weise und noch so mächtig, kann die Erlösung nicht bringen; wir Menschen können das nicht schaffen und nicht schultern. Immer wenn in der Vergangenheit Menschen sich als Messiasse aufgespielt haben, dann ist es schiefgegangen und hat nur noch größeres Unheil angerichtet. Das »Heil Hitler!« ist uns Deutschen und der Welt ja wahrlich nicht gut bekommen. Das Heil kann allein Gott bringen. So warteten und hofften diese drei; bis sie eines Tages ein Zeichen am Himmel zu sehen glaubten.

Die drei Weisen waren Heiden. Aber auch als Heiden können sie uns ein Beispiel sein. In den vergangenen Jahren bin ich auf vielen Reisen in andere Kontinente oft Menschen anderer Kulturen begegnet, die über uns gescheite Europäer den Kopf geschüttelt und die mir gesagt haben: Das kann es doch gar nicht geben, eine Kultur ohne Gott! Und in der Tat, soweit wir überhaupt zurückschauen können in der Menschheitsgeschichte, hat es niemals eine Kultur ohne Gott gegeben. Wo es aber versucht wurde, etwa im verordneten staatlichen Atheismus der kommunistischen Systeme, wissen wir nur allzu gut, wie es ausgegangen ist. Europas Problem in diesen Tagen sind nicht so sehr die »neuen Atheisten«, sondern eine religiöse Gleichgültigkeit und Oberflächlichkeit, die sich mit dem Vordergründigen zufriedengibt und mit dem, was gerade in Mode ist. Die drei Weisen des Evangeliums sagen uns dagegen: Wir sollen fragende, suchende und hoffende

Menschen sein, nicht Menschen, die gleichgültig und stumpf dahinleben. Wir sollen Menschen sein, die einem Stern folgen, die Ideale haben, die nach Mehr suchen und nach Mehr fragen, die suchen und fragen nach dem Geheimnis, das Gott ist. *Quaerere Deum,* Gott suchen: Das zeichnet den Menschen aus, das macht seine Größe und Würde aus. Wenn wir es nicht mehr tun, dann hätten wir uns ›zurückgekreuzt zum findigen Tier‹ (Karl Rahner).[2]

Die drei Weisen des Evangeliums waren fragende und suchende Menschen. Aber nicht nur das. Als sie das Zeichen am Himmel sahen, brachen sie auf. Sie ließen alles zurück und scheuten nicht die Anstrengung eines langen Marsches. Sie machten sich auf den Weg und auf die Beine.

Aufbrechen: Das ist ein Wort, das uns in der Bibel immer wieder begegnet. Abraham, der Vater im

[2] Vgl. Karl Rahner, Meditation über das Wort »Gott«; in: Ders. Grundkurs des Glaubens. Einführung in den Begriff des Christentums, Freiburg u. a. 1976, 54–61.

Glauben, brach auf, als Gott ihn rief. Das Volk Israel brach auf und verließ Ägypten, um in das Gelobte Land zu ziehen. Die ersten Jünger Jesu brachen auf, als Jesus sie rief und folgten ihm nach. Von vielen großen Heiligen wissen wir, dass sie aufgebrochen sind und ein neues Leben begannen, und von den großen Lehrern der Theologie und der Spiritualität hören wir, dass die Herzensträgheit, die Bequemlichkeit und Unbeweglichkeit, eine der Grundsünden ist.

Ist nicht gerade sie unsere Versuchung? Wir möchten so leben, wie man so lebt, sagen, was man so sagt, tun, was man so tut, und uns verhalten, wie man sich so verhält. Ganz anders Jesus. Er hat gesagt: Kehrt um! Korrigiert die Richtung eures Lebens! Christen müssen deshalb den Schneid haben, so zu sein und zu urteilen und zu handeln, wie es dem Evangelium entspricht, und damit in vielem anders zu sein und anders zu urteilen und anders zu handeln, als es gerade kulturell und politisch opportun zu sein scheint.

Die drei Weisen waren fragende und suchende Menschen, und sie haben den Aufbruch gewagt. Und sie haben, als sie dem alten Fuchs Herodes begegnet sind, auch den Widerstand erfahren, der dem Guten und dem Kommen Gottes entgegengesetzt wird. Herodes war es um den Erhalt seiner Macht und seines Reichtums zu tun; er wollte nichts wissen von einem Messias. Dabei ging er, wie der Kindermord von Betlehem zeigt, gar nicht zimperlich, sondern sehr brutal vor. Deshalb hat er versucht, die drei Weisen auszuforschen, sie zu manipulieren und sie für seine eigennützigen Ziele einzuspannen. Doch sie haben sich nicht hereinlegen und nicht benützen lassen. Sie wollten nicht die nützlichen Idioten spielen. Sie sind ihren eigenen Weg gegangen.

Mit Widerstand müssen Christen immer rechnen. Das letzte Konzil sagte, die Kirche gehe ihren Weg in der Geschichte durch Bedrängnisse und Verfolgungen. Das war nicht nur unter dem Christenverfolger und Kaiser Nero, nicht nur unter Hitler und Stalin so, das ist auch heute in vielen Teilen der Welt so. Wir erleben es in diesen Tagen in vielen Ländern: Die Christen sind gegenwärtig die am meisten verfolgte oder unterdrückte Gruppe in der Welt. Aber machen wir uns nichts vor: Auch in den westlichen Gesellschaften rüsten sich viele, wenn nicht dem Christentum das Lebenslicht auszublasen, so doch, es zurück- und an den Rand zu drängen und die christlichen Symbole aus der Öffentlichkeit zu verbannen. Man muss kein Prophet sein, um zu sehen, dass die Situation der Kirche schwieriger werden wird. Die Weisen des Evangeliums lehren uns: Folge deinem eigenen Stern, folge der Stimme deines Gewissens und stelle die wesentlichen Fragen! Werde wesentlich! Dann mach dich auf den Weg, und du wirst Gott finden. Gerade heute sind eigenständige und mutige Christen nötig, die sich nicht dem Druck der öffentlichen Meinung beugen.

Fragende Menschen, Menschen im Aufbruch, mutige Zeugen, das waren die drei Weisen. Aber das Wichtigste kommt erst noch. Als die drei Weisen am Ziel waren, fielen sie nieder und beteten das Kind in der Krippe an als den Messias, den Sohn Gottes, der in die Welt gekommen ist, weil er allein uns Heil und Leben bringen kann.

Der Stern, dem sie folgten, führte die Weisen weder in einen Palast der Reichen und Mächtigen noch in eine Akademie mit Gelehrten, sondern zu einem Kind. Die drei waren wirklich weise Menschen; denn sie begreifen: Gott begegnet uns normalerweise nicht im Außerordentlichen, Außergewöhnlichen, Ausgefallenen, Abenteuerlichen, Aufsehenerregenden, nicht in Nerven kitzelnden und spektakulären Ereignissen. Außerordentliche Erfahrungen kann man zwar nicht ausschließen; gelegentlich legt uns Gott solche Spuren. Aber sie sind nicht das Erwartbare. Die großen Heiligen waren sogar immer sehr zurückhaltend, ja überaus kritisch gegenüber allem Mirakulösen. Das eigentlich Wunderbare liegt nicht im Außergewöhnlichen. Es liegt darin, dass mitten im ganz Gewöhnlichen und ganz Alltäglichen das ganz Ungewöhnliche geschieht. Gott macht keine Spektakel und keine Show. Gott ist – wenn man so sagen darf – diskret, so wie auch echte menschliche Liebe nie aufdringlich, sondern immer diskret ist. So auch Gott. Er steigt zu uns herab, er will mitten unter uns, mitten im Alltag der Welt auffindbar und gegenwärtig sein.

Von diesem Wunder übergroßer Liebe sind die drei Weisen überwältigt. Gott ist in Jesus Christus Mensch geworden, ein Mensch so wie du und ich, allein die Sünde ausgeschlossen. Gott ist geboren worden, war ein kleines Kind, hat Hunger und Durst gelitten, Freude und Freundschaft erlebt, Leid erfahren und ist gestorben.

Mit der Anbetung des Kindes machen die Weisen deutlich, was gilt, was hält und was trägt; was letzter Maßstab und was Kriterium ist, um zu entscheiden und zu unterscheiden: Jesus Christus. In ihm ist der unsichtbare und verborgene Gott, der im unzugänglichen Lichte wohnt und für uns Menschen ein undurchdringliches und unzugängliches Geheimnis ist, sichtbar erschienen. In Jesus Christus hat Gott Fleisch angenommen und ist geworden wie einer von uns. Damit hat er uns geholfen, den wahren Gott von den falschen Götzen zu unterscheiden. Wer auf ihn schaut und auf ihn hört, der geht nicht in die Irre. Jesus Christus sagt von sich selbst, wer ihn sieht, der sieht den Vater. Er ist der Weg, die Wahrheit und das Leben (Johannes 14,8).

An Weihnachten hat Gott, vor dem wir niederknien, definitiv gezeigt, dass er kein Tyrann und kein Despot, sondern reine Liebe zu uns und zu allen Menschen ist. Er ist – so sagen es uns die Kirchenväter immer wieder – dazu Mensch geworden, damit wir Menschen vergöttlicht und mit göttlichem Leben erfüllt werden, schon jetzt hier auf Erden und vollends in der Ewigkeit, wenn wir für immer bei Gott sind und Gott uns das ewige Leben schenken wird.

Die Wahrheit, so wie wir Christen sie verstehen, ist also nicht ein abstraktes Prinzip, nicht ein Kodex von Doktrinen, von Geboten und Verboten. Wahrheit ist nicht eine starre und statische Angelegenheit. Die Wahrheit ist nicht etwas, was man zwischen zwei Buchdeckeln findet. Die Wahrheit ist eine Person; sie ist Jesus Christus in Person. Er sagt uns, wer und wie Gott ist; und er sagt uns damit auch, wer wir als Menschen sind, wie wir als

Menschen leben sollen und wie wir leben können, um das Leben in seiner Fülle zu haben und das wahre Glück des Lebens zu finden.

Viele wissen heute nicht mehr, was sie mit ihrem Leben anfangen sollen, worauf sie sich noch verlassen können, woher sie kommen und wohin sie gehen. Da ist es das Große und Schöne am Christentum, dass wir in Jesus Christus einen konkreten Maßstab und Orientierungspunkt haben, einen guten Hirten, einen Begleiter durchs Leben, dem wir uns unbedingt anvertrauen können.

Die drei Weisen hatten also recht, wenn sie dort niederknieten, wo allein in der Welt es einen Sinn hat, niederzuknien. Nirgends sonst darf man einen Kniefall machen. Wenn man ihn aber vor Jesus macht, dann verliert man ganz und gar nichts von seiner menschlichen Würde; dann braucht man überhaupt nichts aufgeben von menschlicher Weisheit und Einsicht. Wer vor Jesus kniet, wird dadurch nicht klein, im Gegenteil, der Mensch erfährt dann erst seine wahre Größe und seine wahre Berufung. Die Haltung der Anbetung macht uns nicht klein, aber sie bewahrt uns vor Größenwahn;

sie sagt: Da ist einer, der größer ist als alle Macht der Welt.

So war es bei den drei Weisen. Als sie das Kind und seine Mutter fanden, fielen sie nieder und beteten das Kind an. Vor einem Gott, der sich so ganz anders verhält, als die meisten ihn sich vorstellen, können sie nur in die Knie sinken. Anbetung ist hier Zeichen des dankbaren Staunens und der Gegenliebe. Als Zeichen ihrer Gegenliebe bringen sie Gold, Weihrauch und Myrrhe dar. Sie bringen sich selbst dar.

Solche Anbetung müssen wir wieder lernen. Wir müssen lernen, stille zu werden und inne zu werden, dass ein Größerer da ist, dessen Liebe mich und alle Welt umfängt und in unendlicher Liebe trägt, manchmal auch erträgt, der es gut mit mir meint, mich annimmt und mir immer wieder neu vergibt. Es genügt dann, zu sagen: »Danke, dass du bist, dass du da bist. Ich liebe dich auch«, und dann ganz bewusst eine Kniebeuge zu machen, nicht bloß nebenher, nicht bloß, weil es üblich ist, nein, weil sie dem großen Gott gilt, weil man sich vor ihm klein machen kann, ohne klein zu werden.

Weihnachten, so lehrt uns das Evangelium der drei Weisen, darf nicht nur eine Stimmung sein. Weihnachten führt uns zur Anbetung. Es sagt uns: Gott ist da.

## Wem die Zukunft gehört

GEPRIESEN SEI DER Gott und Vater unseres Herrn Jesus Christus:

Er hat uns mit allem Segen seines Geistes gesegnet durch unsere Gemeinschaft mit Christus im Himmel.

Denn in ihm hat er uns erwählt vor der Erschaffung der Welt, damit wir heilig und untadelig leben vor Gott;

er hat uns aus Liebe im Voraus dazu bestimmt, seine Söhne [und Töchter] zu werden durch Jesus Christus

und nach seinem gnädigen Willen zu ihm zu gelangen, zum Lob seiner herrlichen Gnade.

Er hat sie uns geschenkt in seinem geliebten Sohn; durch sein Blut haben wir die Erlösung, die Vergebung der Sünden nach dem Reichtum seiner Gnade.

Durch sie hat er uns mit aller Weisheit und Einsicht reich beschenkt und hat uns das Geheimnis seines Willens kundgetan, wie er es gnädig im Voraus bestimmt hat:

Er hat beschlossen, die Fülle der Zeiten heraufzuführen, in Christus alles zu vereinen, alles, was im Himmel und auf Erden ist.

Durch ihn sind wir auch als Erben vorherbestimmt und eingesetzt nach dem Plan dessen, der alles so verwirklicht, wie er es in seinem Willen beschließt;

wir sind zum Lob seiner Herrlichkeit bestimmt, die wir schon früher auf Christus gehofft haben.

Durch ihn habt auch ihr das Wort der Wahrheit gehört, das Evangelium von eurer Rettung;

durch ihn habt ihr das Siegel des verheißenen Heiligen Geistes empfangen, als ihr den Glauben annahmt.

Der Geist ist der erste Anteil des Erbes, das wir erhalten sollen,

der Erlösung, durch die wir Gottes Eigentum werden, zum Lob seiner Herrlichkeit.

*Epheser 1,3–14*

Es kann nicht immer Weihnachten sein, aber etwas von dem Frieden und der Freude dieses Festes dürfen wir uns ja durchaus wünschen für das neue Jahr. Der Hymnus aus dem Epheserbrief lädt uns ein zur Rückschau, was wir an Weihnachten eigentlich gefeiert haben, und zur Vorausschau darauf, was davon bleibt im Alltag des neuen Jahres.

Der Hymnus ist selbst ein Ergebnis der Rückschau, Ergebnis eines langen und tiefen Nachdenkens über das Geschehen, welche uns das Evangelium des Lukas als Geburt im Stall von Betlehem, als Botschaft und Gesang der Engel und als Anbetung der Hirten anschaulich konkret und zu Herzen gehend beschrieben hat.

In nachdenklicher und betender Rückschau ist dem Verfasser des Epheserbriefes aufgegangen, was Großes da geschehen ist. Es war für ihn nicht nur eine niedliche romantische Idylle, etwas für das fromme Gefühl, nicht nur ein Familienfest mit Geschenken und Nettigkeiten und schon gar nicht nur ein paar Tage des guten Essens und des Ausschlafens. Das alles hat selbstverständlich auch sein Recht, und wir alle brauchen diesen festlichen Rahmen gelegentlich. Nichts soll gegen solche menschlichen Weihnachtsfreuden gesagt sein.

Aber die Rückschau des Epheserhymnus dringt tiefer: Der Beginn des Heilsgeschehens führt nicht nur in die Zeit des Kaisers Augustus, sondern geht zurück bis an die Uranfänge der Welt und der Zeit, ja reicht in die Ewigkeit. Vor allem Uranfang hat Gott uns erwählt. Er hat an jeden Einzelnen von uns und an alle Menschen gedacht, um uns in diesem Kind in der Krippe zu erlösen, um auch uns nach dem Bild dieses Kindes zu seinen Kindern, zu seinen Söhnen und Töchtern zu machen, um uns Licht und Leben auf unserem Lebensweg zu sein und uns mit Gnade über Gnade zu überhäufen. Was im Kind in der Krippe, im Gekreuzigten auf Golgota offenbar wird, ist unser aller und aller Welt tiefstes Geheimnis. Keiner ist ein Zufallsprodukt, ein Windhauch des Zufalls und des Schicksals. Wir sind von aller Ewigkeit an gewollt und geliebt; wir sind gehalten und getragen.

Noch mehr: Wir sind zu Höherem bestimmt. Die Kirchenväter sagten es ganz deutlich und unmissverständlich. Gott ist Mensch geworden, damit wir göttlich werden, erfüllt vom Leben Gottes: »Erkenne, o Christ, deine Würde und bedenke, dass du der göttlichen Natur teilhaftig geworden bist« (Papst Leo der Große).[3]

Mensch, bedenke dein Geheimnis! Denk nicht zu klein von dir und leb nicht unter deinem Niveau! Sei kein Spießer, der sich nur mit den kleinen Freuden des Lebens zufrieden gibt. Sei auch kein bloßes freudloses Arbeitstier und schon gar kein kleinkarierter Mäkler und Kritikaster, der bei allem so lange den Kopf über der Suppe schüttelt, bis er dann auch ein Haar in der Suppe findet. Bewahre dir etwas von der Weihnachtsfreude und dem Weihnachtsfrieden im Herzen. Du hast als Christ allen Grund dazu. Du bist von Ewigkeit her erwählt und geschaffen für das Glück in der Gemeinschaft mit Gott.

Damit sind wir schon bei der Vorausschau auf das, was auf uns zukommt. Natürlich weiß kein Mensch, was das neue Jahr alles bringt. Und es ist auch gut so. Denn wenn wir alles Schlimme im Voraus wüssten, wäre es nur umso schlimmer. Es würde uns schon im Voraus auch die guten Tage

[3] Sermo XXI,3.

vergällen. Und wüssten wir umgekehrt all das Gute und Schöne, das hoffentlich auch kommt, schon im Voraus, dann gäbe es keine freudige Überraschung mehr und wäre damit nur halb so schön.

Der Hymnus des Epheserbriefs sagt uns etwas anderes voraus, nicht das Morgen und Übermorgen. Er kündet uns an: Die Zukunft hat an Weihnachten begonnen, und nun läuft alles darauf hinaus, das damals Begonnene zu vollenden. Alles im Himmel und auf Erden, ja im ganzen Kosmos soll in Christus zusammengefasst und verklärt werden. Der Lichtglanz von Weihnachten soll auf alles ausstrahlen. Dem Kind in der Krippe gehört die Zukunft. Jesus Christus ist das Alpha und das Omega, der Anfang und das Ende, Ursprung und Ziel des Ganzen. Wir wissen zwar nicht, was morgen und übermorgen sein wird, wir wissen als Christen aber, dass alles auf Jesus Christus zuläuft und in Gottes Reich und in Gottes Ewigkeit hineinläuft und einmündet.

Mancher mag uns als Träumer und Spinner betrachten und denken, wir Christen liefen einer Utopie und einer trügerischen Fata morgana nach.

Doch was ist ihre Hoffnung? Haben sie ein besseres Angebot? Sie denken und sagen: »Lasst uns essen und trinken, denn morgen sind wir tot. Lasst uns das Leben in vollen Zügen heute genießen.« Und der Zustand der gegenwärtigen Welt scheint ihnen recht zu geben. Viele meinen: Das Christentum und die Christen werden immer weniger. Man kann sie vergessen. Viele tun das auch. Auch in sogenannten katholischen Gegenden ist es weltlicher und entchristlichter geworden. Aber sind wir dadurch glücklicher geworden?

Jedenfalls war der Heilige Geist schon immer für Überraschungen gut (Wer hätte sich vor einiger Zeit das Pontifikat von Papst Franziskus vorstellen können; seitdem ist ein Ruck durch die Kirche gegangen), und er ist es auch heute. Es kommt nur darauf an, dass wir uns vom Geist überraschen lassen, dass wir bereit sind, neu aufzubrechen aus Vorurteilen und eingefahrenen Schemen, dass wir uns neu aufmachen, die Aktualität der Botschaft von Weihnachten zu entdecken. Niemand hat uns Besseres zu bieten.

Eine lehrreiche Geschichte aus der griechischen Mythologie erzählt von einer Prinzessin namens Ariadne, die dem Theseus einen Faden geschenkt hat für seinen Weg in ein Labyrinth; beim Hineingehen konnte er den Faden abspulen und dann mit Hilfe dieses Fadens wieder aus dem Labyrinth zum Eingang zurückfinden. Man spricht deshalb sprichwörtlich vom Ariadne-Faden: Noch heute werden solche Fäden von Höhlenforschern, besonders von Tiefseetauchern verwendet. Doch nicht nur sie, auch wir brauchen einen roten Faden, um uns im Labyrinth unseres Lebens nicht zu verirren und zu verlieren, sondern uns zurechtzufinden.

Jesus Christus ist dieser Faden. Er ist an Weihnachten aus der Ewigkeit und vom Himmel zu uns in die Welt herabgestiegen; an seiner Hand können wir dorthin, zum letzten Ziel des Lebens, zurückfinden. Mit ihm als unserem Begleiter können wir den Weg von den Festen zurück in den Alltag meistern und dann im Alltag uns zurechtfinden. Er ist das Licht und der Stern, dem wir folgen, der Weg, die Wahrheit und das Leben.

# Der heilige Tausch

ANFANG DES EVANGELIUMS von Jesus Christus, dem Sohn Gottes:

Es begann, wie es bei dem Propheten Jesaja steht: Ich sende meinen Boten vor dir her; er soll den Weg für dich bahnen. Eine Stimme ruft in der Wüste: Bereitet dem Herrn den Weg! Ebnet ihm die Straßen!

So trat Johannes der Täufer in der Wüste auf und verkündigte Umkehr und Taufe zur Vergebung der Sünden.

Er verkündete: Nach mir kommt einer, der ist stärker als ich; ich bin es nicht wert, mich zu bücken, um ihm die Schuhe aufzuschnüren. Ich habe euch nur mit Wasser getauft, er aber wird euch mit dem Heiligen Geist taufen.

In jenen Tagen kam Jesus aus Nazaret in Galiläa und ließ sich von Johannes im Jordan taufen. Und als er aus dem Wasser stieg, sah er, dass der Himmel sich öffnete und der Geist wie eine Taube auf ihn herabkam und eine Stimme aus dem Himmel sprach: Du bist mein geliebter Sohn, an dir habe ich Gefallen gefunden.

*Markus 1,1–4.7–11*

Das Evangelium von der Taufe Jesu fasst das gesamte Weihnachtsgeheimnis zusammen. In den Kirchen des Ostens wird es im Gottesdienst am Fest der Erscheinung des Herrn (Epiphanie) gelesen; in der lateinischen Kirche ist es das Festevangelium am Sonntag der Taufe des Herrn, mit dem die Weihnachtszeit schließt. Die liturgischen Traditionen vollziehen damit nach, wie der Evangelist Markus den Text verstanden hat. Er leitet den Bericht von der Taufe Jesu mit der markanten Aussage ein: »Anfang des Evangeliums von Jesus Christus, dem Sohn Gottes« (Markus 1,1). Anfang (griechisch *arché*) meint nicht nur den zufällig ersten Satz, sondern die Grundlage von allem Weiteren, das folgt. Das Evangelium von der Taufe Jesu ist das Präludium, in dem alle Motive bereits anklingen, denn das ganze Evangelium ist Evangelium von Jesus

Christus, dem Sohn Gottes. Jesus Christus fasst in sich alle Glaubensgeheimnisse zusammen; er ist Anfang, Mitte und Ziel des gesamten christlichen Glaubens, Anfang, Mitte und Ziel aller Heilsgeschichte und aller Wirklichkeit.

Doch wer ist Jesus Christus? Das ist die Grundfrage. Schon Jesus selbst hat sie an seine Jünger gerichtet und gefragt: Für wen halten die Leute den Menschensohn? (Matthäus 16,13). Was denken, was sagen sie von mir? Was denken, was sagen, was glauben wir von ihm?

Wollte man eine Umfrage veranstalten, dann könnte man auf diese Frage aller Fragen heute ähnlich antworten, wie die Jünger damals: Die einen sagen so, die anderen anders. Die einen halten ihn für einen guten Menschen und einen Menschenfreund, die anderen für einen mutigen Sozialreformer, wieder andere für ein verkanntes religiöses Genie oder einen Propheten.

An dieser Stelle macht uns die Taufgeschichte gleich zu Beginn einen Strich durch die Rechnung. Sie sagt nicht, dass Jesus das alles nicht sei. Selbstverständlich war er ein guter Mensch, selbstverständlich war er, wenn man es recht versteht, ein religiöses Genie, selbstverständlich steht er auch in der Tradition der Propheten. Aber Johannes der Täufer belehrt uns: Er ist mehr als das. Er ist stärker als der Täufer, der der größte unter den Propheten war (Markus 11,32) und einen machtvollen Eindruck auf seine Zeitgenossen machte. Er ist mehr als Jona, mehr als Salomo (Matthäus 12,41). Er überbietet und überragt alle, die bisher da gewesen sind, und alle, die bisher erwartet worden sind. Mit ihm kommt etwas Größeres und Neues. Denn was die heiligen Schriften Israels erwarteten, zielte nicht nur auf einen irdischen Messias, eine irdische Gerechtigkeit, ein irdisches Paradies. Sie erwarteten das Kommen des Geistes Gottes, der alles grundlegend und von innen her erneuert; sie erwarteten den, der nicht nur mit Wasser, sondern mit dem heiligen Geist tauft.

Denn allein Gott kann wirklich erlösen. Nur er kann einen ganz neuen Anfang setzen und eine neue Schöpfung hervorbringen. Menschen können nur Menschliches geben; unsere Seele aber verlangt nach mehr. Allein Gott ist groß genug, um die ganze Größe der Sehnsucht des Menschenherzens zu erfüllen.

Das Alte Testament erwartete das Kommen Gottes selbst. Die Erzählung von der Taufe Jesu nimmt drei Bilder aus der Bildersprache des Alten Testaments, um die Ankunft Gottes zu beschreiben.

Das *erste* Bild: Der Himmel öffnet sich. Jesus sah – so heißt es im Evangelium – den Himmel offen. Nach der Vorstellung des Judentums der damaligen Zeit war der Himmel, der unmittelbare Zugang zu Gott, verschlossen. Es war wie an einem mit Wolken verhangenen nebligen Tag, wo man kaum mehr die Hand vor dem Gesicht sehen kann und bei Wanderungen leicht die Orientierung verliert. Jetzt, so sagt das Evangelium, ist der Horizont wieder frei, Orientierung ist wieder möglich, die Richtung ist wieder klar. Das Neue Testament bezeichnet darum Jesus als »Licht«, als Licht der Welt und als Licht des Lebens. Er ist nach den Worten des Großen Glaubensbekenntnisses »Licht vom

Licht«. Erst in seinem Licht können wir das wahre Wesen der Dinge und des menschlichen Lebens erkennen. Gerade in unserer so verwirrten und unübersichtlichen Situation sind wir auf solches Licht angewiesen.

Das *zweite* Bild: Der Geist kommt wie eine Taube auf Jesus herab. Die Taube erinnert uns an das Ende der Sintflut, als Noach eine Taufe aufsteigen lässt, die mit einem grünenden Zweig zurückkommt und damit das Ende der Flut und den neuen Frieden zwischen Himmel und Erde ankündigt (Genesis 8,8–11). Bis heute gilt die Taube als Friedenssymbol und als Verheißung einer neuen versöhnten Welt. Den endgültigen Frieden auf Erden können wir Menschen nicht »machen«, er setzte das Ende aller ungerechten sozialen Verhältnisse voraus. Aber dieser Friede beginnt im Herzen der Menschen; er setzt ein neues, ein versöhntes Herz voraus, ein Herz in Frieden mit Gott.

Jesus kommt als der vom Propheten Jesaja verheißene Geistträger, als der mit dem heiligen Geist Gesalbte und als das Geschöpf des Geistes (Jesaja 11,2; Lukas 1,32; 4,18, Johannes 1,33; Apostelgeschichte 10,38), als der Heiland, der die Herzen der Menschen verwandeln kann, die Wunden heilt und die schlimmen Erinnerungen an vergangenes Unrecht versöhnt. Er will uns den Geist als Atem der Seele und des Lebens schenken. Und wer bräuchte solchen Atem, solchen Schwung, solchen Mut, der von innen kommt, nicht?

Jesus kommt als Licht des Lebens und Atem des Lebens. Beides wird in einem *dritten* Bild, oder besser: in einer dritten Aussage, zusammengefasst: Es ertönt eine Stimme von Himmel: »Du bis mein geliebter Sohn, an dir habe ich Gefallen gefunden.« Mit diesem Wort aus Psalm 2,7 wird Jesus als der erwartete königliche Messias proklamiert, freilich in einer Weise, die weit über die Erwartung des Alten Testaments hinausgeht. Er ist der Sohn Gottes schlechthin, und er ist es von aller Ewigkeit (Johannes 1,34; 8,58). Er ist die ewige Selbstmitteilung der Liebe Gottes, die in der Zeit Fleisch, das heißt: Mensch geworden ist (Johannes 1,14).

Das sind Aussagen, die einem die Sprache verschlagen und angesichts derer man nur staunen kann. Aber die eigentliche Pointe im heutigen Evangelium kommt erst noch. Er, welcher der Sohn Gottes von Ewigkeit her ist, lässt sich von Johannes taufen. Obwohl persönlich ohne jede Schuld, stellt er sich damit in die Reihe der Sünder; er wird solidarisch mit uns allen. Johannes erschrickt darüber und will das nicht zulassen. Doch Jesu Antwort ist klar: Er will, dass alle Gerechtigkeit geschieht (Matthäus 3,13–15). Er nimmt die Bußtaufe des Johannes stellvertretend für uns alle auf sich. Er ist der stellvertretend für uns leidende Gottesknecht (Jes 42,1–4;53). Er ist das Lamm Gottes, das die Sünden der Welt hinwegnimmt (Johannes 1,29.

Es vollzieht sich ein heiliger Tausch. Er, der Unschuldige, nimmt die Schuld von uns allen auf sich, um uns schuldlos zu machen.

Denn einen wunderbaren Tausch hast du vollzogen:
dein göttliches Wort wurde ein sterblicher Mensch,
und wir sterbliche Menschen empfangen in Christus
dein göttliches Leben.

*Dritte Präfation von Weihnachten*

Wir sollen in Jesus Christus als dem Sohn alle Söhne und Töchter Gottes werden. »Allen aber, die ihn aufnahmen, gab er Macht, Kinder Gottes zu werden, allen, die an seinen Namen glauben« (Johannes 1,12). Zu jedem von uns will Gott sagen: Du bist mein Sohn, meine Tochter. Ich habe Gefallen an dir gefunden. Ich fasse dich an der Hand, ich führe und begleite dich. Ich liebe dich.

In der Tat, das alles ist bei unserer Taufe geschehen. Weil solches an uns geschehen ist, können wir von ganzem Herzen einstimmen in den altkirchlichen Hymnus, der den Gesang der Engel an Weihnachten aufgreift:

Ehre sei Gott in der Höhe
und Friede auf Erden
den Menschen seiner Gnade.

Wir loben dich,
wir preisen dich,
wir beten dich an,
wir rühmen dich und danken dir,
denn groß ist deine Herrlichkeit

Lassen wir, wenn wir von Weihnachten in unser alltägliches Leben zurückkehren, den lieblichen Gesang der Engel noch etwas in den Ohren und vor allem in der Seele nachklingen.

# Bibelstellenverzeichnis

# Zum Autor

Walter Kardinal Kasper, geb. 1933, Dr. theol., Professor für Dogmatik, 1989–1999 Bischof der Diözese Rottenburg-Stuttgart, 2001 zum Kardinal erhoben, 2001–2010 Präsident des Päpstlichen Rates zur Förderung der Einheit der Christen und der Kommission für die religiösen Beziehungen zum Judentum sowie Mitglied der Kongregationen für die Glaubenslehre und für die Orientalischen Kirchen.

Walter Kardinal Kasper ist Hauptautor des ersten Bandes des Katholischen Erwachsenenkatechismus und Hauptherausgeber der dritten Ausgabe des Lexikons für Theologie und Kirche. Seine Gesammelten Schriften erscheinen im Verlag Herder, Freiburg im Breisgau, herausgegeben von George Augustin und Klaus Krämer.

Sein Buch *Papst Franziskus – Revolution der Zärtlichkeit und der Liebe. Theologische Wurzeln und pastorale Perspektiven* (Verlag Katholisches Bibelwerk, Stuttgart 2015) ist in zahlreiche Sprachen übersetzt.

Umschlaggestaltung: Finken und Bumiller, Stuttgart
Umschlagmotiv: Giotto di Bondone, »Christi Geburt«,
um 1303/05 (Ausschnitt), Padua, Cappella degli Scrovegni
Fotografie: © akg-images
Satz: post scriptum, Emmendingen / Hüfingen
Herstellung: Finidr s. r. o., Český Těšín
Printed in the Czech Republic

www.bibelwerk-impuls.de
ISBN 978-3-460-32148-9